BEI GRIN MACHT SICH IHR WISSEN BEZAHLT

- Wir veröffentlichen Ihre Hausarbeit, Bachelor- und Masterarbeit

- Ihr eigenes eBook und Buch - weltweit in allen wichtigen Shops

- Verdienen Sie an jedem Verkauf

Jetzt bei www.GRIN.com hochladen und kostenlos publizieren

Andreas Sieber

Reformfähigkeit und plebiszitäre Instrumente in politischen Systemen

Eine vergleichende Analyse anhand Deutschlands und der Schweiz

GRIN Verlag

Bibliografische Information der Deutschen Nationalbibliothek:

Die Deutsche Bibliothek verzeichnet diese Publikation in der Deutschen National-
bibliografie; detaillierte bibliografische Daten sind im Internet über http://dnb.d-
nb.de/ abrufbar.

Impressum:

Copyright © 2013 GRIN Verlag GmbH
Druck und Bindung: Books on Demand GmbH, Norderstedt Germany
ISBN: 978-3-656-54910-9

Dieses Buch bei GRIN:

http://www.grin.com/de/e-book/265372/reformfaehigkeit-und-plebiszitaere-
instrumente-in-politischen-systemen

GRIN - Your knowledge has value

Der GRIN Verlag publiziert seit 1998 wissenschaftliche Arbeiten von Studenten, Hochschullehrern und anderen Akademikern als eBook und gedrucktes Buch. Die Verlagswebsite www.grin.com ist die ideale Plattform zur Veröffentlichung von Hausarbeiten, Abschlussarbeiten, wissenschaftlichen Aufsätzen, Dissertationen und Fachbüchern.

Besuchen Sie uns im Internet:

http://www.grin.com/

http://www.facebook.com/grincom

http://www.twitter.com/grin_com

Andreas Sieber

Schriftliches Referat

Wie hängen Reformfähigkeit eines politischen Systems und Existenz plebiszitärer Instrumente miteinander zusammen? Vergleichsfälle: Deutschland, Schweiz.

Gliederung

1 Einleitung

„[...] in der Zeit der Mediendemokratie, mit Internet, Facebook, Blogs, einer Billion Webseiten und der Organisation von zehntausenden Menschen per Mausklick kann die Demokratie nicht mehr so funktionieren wie im letzten Jahrhundert. Die Zeit der Basta-Politik ist vorbei [...]"

Diese Worte stammen nicht aus dem Munde des Vorsitzenden der Piratenpartei, sondern aus der Feder des ehemaligen CDU-Generalsekretärs Heiner Geißler und seinem Schlichterspruch zu Stuttgart 21. Geißler verweist weiter auf die aus den Problemen dieses Projekts abzuleitende Notwendigkeit einer Ausweitung „unmittelbarer Demokratie" und spricht damit einen Themenkomplex an, für den es zwar keinen einheitlich genutzten Begriff gibt, der aber auf jeden Fall en vogue ist.

Im Folgenden soll deshalb in einem Vergleich der Bundesrepublik Deutschland und der Schweiz untersucht werden, inwieweit plebiszitäre Instrumente mit der Reformfähigkeit eines politischen Systems zusammenhängen. Um diese Frage zielsicher zu beantworten, muss zunächst der Begriff der „Reformfähigkeit" geklärt werden: Unter diesem Begriff wollen wir die Fähigkeit eines politischen Systems auf Umwelteinflüsse zu reagieren, verstehen. Die dieser Definition immanente Relation in Bezug auf Umwelteinflüsse ist, wie sich noch zeigen wird, von entscheidender Bedeutung. Die Frage nach dem Zusammenhang zwischen der Existenz von plebiszitären Instrumenten und der Reformfähigkeit eines politischen Systems ist als Frage danach zu verstehen, wie plebiszitäre Instrumente die Reformfähigkeit eines politischen Systems beeinflussen. Die Reformfähigkeit unter dem Einfluss plebiszitärer Instrumente ist folglich das Explanandum.

2 Einordnung der plebiszitären Instrumente ins Systemmodell

Um der komplexen Fragestellung gerecht zu werden, möchte ich meinem Erklärungsmodell eine Einbettung plebiszitärer Instrumente in das Systemmodell der Politik voranstellen:

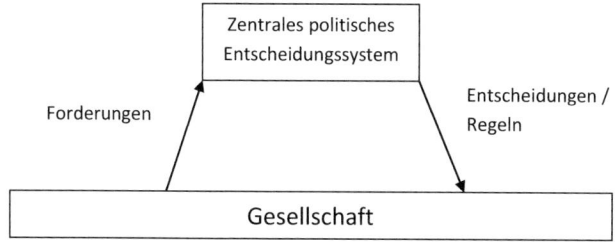

(Abbildung 1)

Stark vereinfacht besteht die Basis jeder Demokratie darin, dass das zentrale politische Entscheidungssystem die Forderungen der Gesellschaft aufnimmt und in allgemein gültigen Entscheidungen umsetzt. Dies begründet und sichert Legitimität. Im Wesentlichen geschieht dies via Wahlen, mit welchen die Bürger für einen begrenzten Zeitraum eine Partei und ihr Gesamtkonzept wählen. Plebiszitäre Instrumente geben nun an dieser Stelle dem Bürger eine weitere formelle Möglichkeit, die es ermöglicht diesen Input zu differenzieren und vergrößern so auch die Resposivität des Systems. Ferner lösen sie die Arbeitsteilung der repräsentativen Demokratie auf, da hier das Volk nicht nur Entscheidungswünsche artikuliert, sondern auch Entscheidungen trifft. So wäre es möglich, die CDU wegen ihrer Wirtschaftspolitik zu wählen, sie jedoch mit Plebisziten zur Umsetzung umweltpolitischer Programmpunkte der Grünen zu zwingen. Dieses Modell erklärt im Prinzip bereits, weshalb plebiszitäre Instrumente in der Schweiz notwendig sind: Hier sind alle Parteien in der Regierung vertreten und oft sind Plebiszite die einzige Möglichkeit eine wesentliche Sachfrage innerhalb der Regierung zu klären, da eben kein relativ einheitliches Gesamtkonzept einer Partei oder Koalition gegeben ist.

Es zeigt sich, dass auch die Zufriedenheit der Bevölkerung mit ihrer Demokratie in Ländern mit großer Etablierung plebiszitärer Instrumente höher ist. Zufriedenheit mit dem politischen System steigert auch die Legitimität der Herrschaft. Ein politisches System, das als legitim gilt, sichert dadurch indirekt auch langfristig seine Reformfähigkeit. Allerdings zeigt eine vergleichende, innerschweizerische Untersuchung von Stutzer und Frey, dass plebiszitäre Instrumente nicht durch ihren häufigen Gebrauch zu mehr Zufriedenheit führen, sondern die Möglichkeit diese besonders einfach zu nutzen, zu Zufriedenheit führt. Ein Grund könnte in der lähmenden Wirkung plebiszitärer Instrumente auf die im Modell aufgeführten vom politischen System verabschiedeten Entscheidungen und Regeln liegen. Diese lähmende Wirkung ist dem prozessimmanenten Aufwand einer Abstimmung des Volkes geschuldet, wobei hauptsächlich fakultative und obligatorische Referenden für diese lähmende Wirkung verantwortlich sind. Der Initiative hingegen kann man sogar eine entscheidungsbeschleunigende Wirkung attestieren. Ferner führen speziell Referenden zum Absickern politischer Verantwortung. Zu klären ist nun, wie sich innerhalb dieser systematischen Funktionslogiken unter verschiedenen Bedingungen plebiszitäre Instrumente auf die abhängige Variable auswirken.

3 Erklärungsmodell

In meiner Antwort will ich auf folgende drei der abhängigen Variable immanente Dimensionen eingehen: Erstens die Art und Weise, wie plebiszitäre Instrumente die Reformfähigkeit

eines Systems beeinflussen, zweitens wie stark dieser Einfluss ausgeprägt ist und drittens inwieweit sich dieser Einfluss positiv oder negativ auf die Reformfähigkeit eines Systems aus-
wirkt. Mein nachfolgend graphisch abgebildetes Erklärungsmodell (Abbildung 2) soll durch
seine unabhängigen Variablen, die intervenierenden Variablen und die Hintergrundvariable
erklären, wie und weshalb sowie unter welchen Umständen sich die drei Dimensionen aus-
prägen. Diese Variablen leiten sich aus den im nachfolgenden Systemvergleich angewandten
Vergleichskategorien ab.

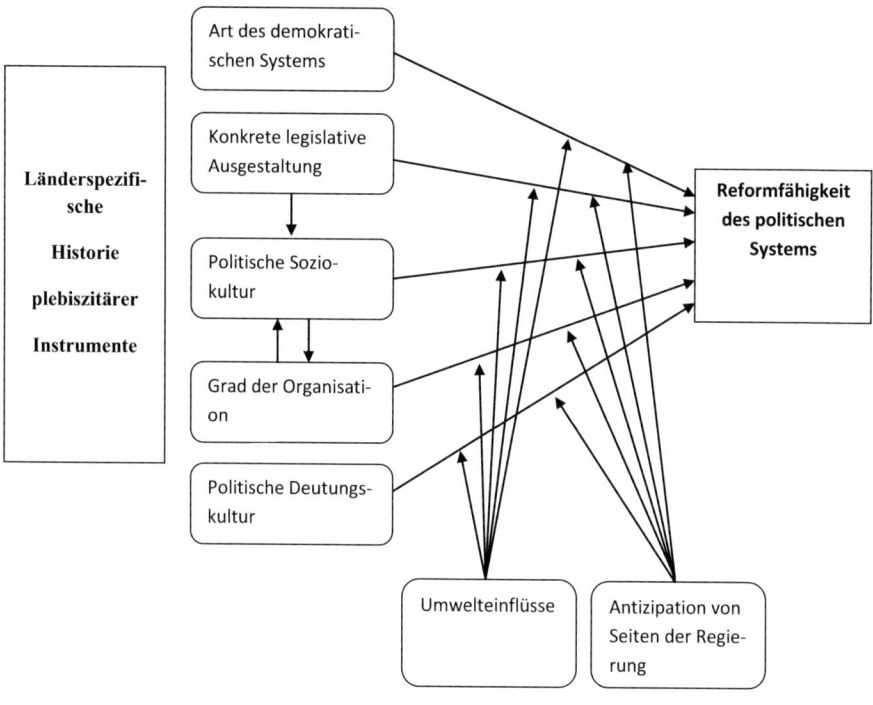

(Abbildung 2)

Hierzu sind noch einige Vorbemerkungen essentiell: Die abhängige Variable, welche als die
Fähigkeit, auf Umwelteinflüsse zu reagieren, definiert wurde, kann weitergedacht werden als
die Fähigkeit, aufgrund dieser Umwelteinflüsse Entscheidungen zu treffen. Plebiszitäre Instrumente sind eine Art, diese Entscheidungen zu treffen, wobei hier nicht die Regierung,
sondern der Bürger die Entscheidung fällt. Die unabhängigen Variablen klären nun, wie diese
Entscheidungsfindung stattfindet und somit, wie Entscheidungen getroffen werden, also auch
wie auf Umwelteinflüsse reagiert wird. Alle verwendeten unabhängigen Variablen gewichten

3

in irgendeiner Form, wie stark plebiszitäre Instrumente genutzt werden. Da diese eine Art Entscheidungen zu treffen sind, folgt daraus, dass in je größerem Umfang diese umgesetzt werden, auch ihr Einfluss auf die Reformfähigkeit des politischen Systems zunimmt. Die letzte Dimension der abhängigen Variable, ob dieser Einfluss positiv oder negativ ist, kann nur mit der bereits in der Einleitung erwähnten Relation bezüglich den Umwelteinflüssen beantwortet werden. Hierauf werde ich sowohl im Erklärungsmodell, als auch im wissenschaftlichen Vergleich genauer eingehen.

Als Hintergrundvariable habe ich die *länderspezifische Historie plebiszitärer Instrumente* gewählt. Obwohl es geradezu einfallslos anmutet „Geschichte" in irgendeiner Form als Hintergrundvariable zu verwenden, habe ich mich bewusst dafür entschieden, da in den Vergleichsfällen die unterschiedliche Ausprägung eine ganz wesentliche Rolle spielt.

Als erste unabhängige Variable wählte ich die *Art des demokratischen Systems*, ergo ob es sich beispielsweise um ein präsidentielles Regierungssystem oder wie in den Untersuchungsfällen um ein parlamentarisches Regierungssystem und eine Proporzdemokratie handelt. Diese Variable ist von prägender Bedeutung dafür, wie groß der Einfluss plebiszitärer Instrumente auf die Reformfähigkeit des jeweiligen Systems ist, da das Proporzsystem, wie unter Gliederungspunkt 2 erläutert, bereits eine große Ausprägung plebiszitärer Instrumente impliziert. Ferner ist durch den ebenfalls bereits oben beschriebenen Mechanismus der Blockadelösungsfunktion im Proporzsystem die Rolle von Plebiziten mehr als in anderen Systemen nicht nur lähmend, sondern auch reaktionsfördernd und wirkt sich so nicht nur negativ auf die Reaktionsgeschwindigkeit aus. Dies ist in anderen Demokratien ebenfalls möglich, doch weit unwahrscheinlicher als im Proporzsystem der Schweiz.

Unter der nächsten unabhängigen Variable *konkrete legislative Ausgestaltung* verstehe ich jene durch die Gesetzgebung gegebenen praktischen Möglichkeiten sowie Zwänge und Hürden plebiszitäre Instrumente einzusetzen. Hier ist ausdrücklich auch der innerschweizerische Vergleich der einzelnen Kantone sehr aufschlussreich, wie sich im Fortgang zeigen wird. Generell lässt sich sagen, je größer die Möglichkeiten oder auch Zwänge Plebizite einzusetzen und je niedriger die Hürden für eine Initiative sind, umso stärker werden plebiszitäre Instrumente auch eingesetzt. Ferner legt diese Variable fest, wie der Einfluss formal stattfindet.

Der Pfeil zu einer weiteren unabhängigen Variable, der *politischen Soziokultur*, welche wie auch die legislative Ausgestaltung Einfluss auf die Quantität der Wirkung plebiszitärer Instrumente auf die Reformfähigkeit hat, stellt eine wichtige Wirkung innerhalb der unabhängigen Variablen dar, auf die ich im Rahmen des Vergleichs noch zu sprechen kommen werde.

Unter dem *Grad der Organisation* ist die qualitative und quantitative Ausprägung von Strukturen wie Verbänden zu verstehen, die bereits vorhanden sind und plebiszitäre Instrumente potentiell nutzen. Konsequenterweise führt hier ein höherer Organisationsgrad auch zu häufigerer Nutzung und damit größerem Einfluss plebiszitärer Instrumente, da Hürden leichter bewältigt werden können. Hierbei sei auch auf die durch Pfeile verdeutlichte Wechselwirkung zwischen der politischen Soziokultur und dem Grad der Organisation hingewiesen.

Die *politische Deutungskultur* hat analog zur Soziokultur Einfluss darauf, wie häufig plebiszitäre Instrumente genutzt werden, insbesondere bei der Forderung nach fakultativen Referenden oder auf der anderen Seite der Medaille, wie stark die politischen Mehrheiten darauf bedacht sind, oppositionelle Bereichspositionen mit einzubeziehen. Je stärker diese Kultur auf den Gebrauch plebiszitärer Instrumente ausgelegt ist, umso stärker ist auch deren Einfluss.

In Summa ist zu betonen, dass alle unabhängigen Variablen Einfluss darauf haben, in wie hohem Maße plebiszitäre Instrumente die Reformfähigkeit des Systems beeinflussen. Die Frage nach der Art und Weise des Einflusses wird vor allem durch die Variablen *konkrete legislative Ausgestaltung* und *Art des demokratischen Systems* geklärt.

Auf diesen Aspekt hat die intervenierende Variable *Antizipation von Seiten der Regierung* starke Auswirkungen. Mit dieser Variable ist folgender Mechanismus gemeint: Eine Regierungsmehrheit bezieht die inner- oder außerparlamentarische Opposition und deren Positionen in einer Kompromisslösung mit ein, um zu vermeiden, dass diese vom Werkzeug plebiszitärer Instrumente Gebrauch macht. Diese Variable legt weniger fest wie stark der Einfluss plebiszitärer Instrumente ist, sondern vielmehr ob er durch Antizipation indirekt oder bei der Durchführung eines Plebiszits direkt wirkt.

Die dritte und wohl auch in der Diskussion spannendste Dimension der abhängigen Variable, die Qualität der Auswirkungen der Existenz plebiszitärer Instrumente auf die Reformfähigkeit, sprich, ob diese positiv oder negativ ausgeprägt sind, klären die unabhängigen Variablen nur mittelbar. Plebiszitäre Instrumente können Systemblockaden lösen, wie es im System der Schweiz vorgesehen ist, können den Input aus der Gesellschaft differenzieren, worauf ich in Punkt 2 eingegangen bin, wirken sich jedoch lähmend auf die Reaktionsfähigkeit eines politischen Systems aus. Um einen positiven Effekt zu erzielen, muss deshalb der lähmende Einfluss plebiszitärer Instrumente in solch einem Rahmen gehalten werden, dass das politische System noch adäquat auf seine Umwelteinflüsse reagieren kann. Adäquat meint in diesem Zusammenhang schnell genug. Somit ist der Einfluss plebiszitärer Instrumente, der durch die abhängigen Variablen in seinem Ausmaß festgelegt wird, in seiner Qualität nur durch die Einbeziehung der intervenierenden Variable *Umwelteinflüsse* möglich.

Unter *Umwelteinflüssen* wollen wir uns Input aus der Umwelt des politischen Systems vorstellen. Dieser kann sich exemplarisch aus Verträgen mit Suprasystemen ergeben.

An dieser Stelle könnte man einhaken und Qualität in dem Sinne untersuchen, ob der durch plebiszitäre Instrumente erzeugte Output den gewünschten Outcome erzeugt. Man könnte argumentieren: „Plebiszit kommt schließlich von Plebs und wenn die uninformierte Masse entscheidet, muss dies qualitativ schlechter sein." Diese Vermutung widerlegt jedoch die Praxis weitgehend. Ob der Output eines politischen Systems zu ungewünschtem Outcome führt, lässt sich relativ gut an der Zufriedenheit der Bevölkerung mit dem jeweiligen System ablesen. Da die Zufriedenheit in Ländern mit großer Nutzung plebiszitärer Instrumente höher liegt, ist diese These jedoch zu verwerfen. Zusammenfassend lässt sich zu meinem Erklärungsmodell also sagen, alle aufgeführten unabhängigen Variablen legen im Wechselspiel miteinander fest, wie stark der Einfluss plebiszitärer Instrumente auf die Reformfähigkeit ist. Das *politische System* und insbesondere die *legislative Ausgestaltung* erklären unter Einfluss der *Antizipation von Seiten der Politik,* wie sich dieser Einfluss ausgestaltet. Ob der Einfluss plebiszitärer Instrumente auf die Reformfähigkeit positiv oder negativ ist, ist durch die passende Relation zu den Umwelteinflüssen zu klären. Dies wird anschließend im Vergleich sowie im Fazit nochmals breiter ausgeführt.

4 Wissenschaftlicher Vergleich der Nutzung plebiszitärer Instrumente und deren Auswirkungen in Deutschland und der Schweiz

Da sich die einzelnen Variablen des unter Gliederungspunkt 3 aufgeführten Erklärungsmodells aus den Vergleichskategorien ableiten und so die nachfolgenden Vergleichskategorien mit diesen übereinstimmen, sei bei Klärungsbedarf, auf diesen verwiesen. Meine Vergleichskategorien lauten: Länderspezifische Historie plebiszitärer Instrumente, Art des demokratischen Systems, konkrete legislative Ausgestaltung (plebiszitärer Instrumente), politische Soziokultur, Grad der Organisation, politische Deutungskultur, Antizipation von Seiten der Politik, Umwelteinflüsse und die Reformfähigkeit des jeweiligen Landes. Ferner wird die Anzahl der durchgeführten Plebiszite verglichen.

4.1 Anzahl der durchgeführten Volksinitiativen und Referenden

Betrachtet man die nationale Ebene, ist der Unterschied äußerst deutlich. Zwischen 1950 und 2010 wurden in der Schweiz 391 nationale Referenden und Volksinitiativen durchgeführt, in Deutschland genau null. Auf Länderebene gab es in Deutschland immerhin über 70 angestrebte Volksbegehren bis heute. Von diesen führten jedoch weniger als ein Drittel tatsächlich zu einem Volksbegehren, wovon etwa 50% erfolgreich waren. In den Kantonen wurden allein in den Jahren 1983-96 über 1500 Plebiszite durchgeführt - je nach Art des Instruments mit etwa 30% bis beinahe 90% Erfolgsquote. Einzig auf kommunaler Ebene findet in Deutschland eine rege Nutzung statt: Insgesamt wurden hier über 5000 Bürgerbegehren eingeleitet, von welchen nahezu 40% Erfolg hatten. Spannend für den Systemvergleich sind allerdings vor allem die Länder-, beziehungsweise Kantonsebenen und die nationale Ebene.

4.2 Länderspezifische Historien plebiszitärer Instrumente

Die Geschichte plebiszitärer Instrumente in Deutschland konnte vor 1945 keine Erfolge aufweisen. Vielmehr bestand das Gefühl, dass dieses urdemokratische Werkzeug durch extreme Gruppierungen missbraucht werden könnte – es exemplarisch die Volksabstimmung, die zum Austritt aus dem Völkerbund führte genannt. Dieser Argwohn übertrug sich in die Bundesrepublik, insbesondere fürchtete man eine Instrumentalisierung durch KPD oder SED, was dazu führte, dass bis heute plebiszitäre Instrumente auf Bundesebene nicht vorhanden sind. Seit den frühen 1990er Jahren findet die Debatte jedoch etwas offener statt. In der Schweiz entwickelten sich die plebiszitären Instrumente bereits in der ersten Hälfte des 19. Jahrhunderts zunächst in den Kantonen. Eine breite Demokratisierungsbewegung etablierte dort bereits in den sechziger Jahren des 19. Jahrhunderts das zweistufige System des Referendums sowie die Volksinitiative. Auf nationaler Ebene wurden die verschiedenen plebiszitären Instrumente bis Ende des 19. Jahrhunderts ebenfalls ermöglicht. Insgesamt ist nochmals eine deutliche Steigerung des Einsatzes von plebiszitären Instrumenten in den letzten 50 Jahren zu verzeichnen.

4.3 Arten politischer Systeme

Deutschland, wie die Schweiz eine Demokratie, besitzt ein parlamentarisches Regierungssystem und ist föderal organisiert, ferner Mitglied diverser Suprasysteme wie der UNO, der NATO und der Europäischen Union.

In der Schweiz besteht eine Proporzdemokratie mit ebenfalls föderalen Strukturen. Die Ideale der „Volkssouveränität" finden sich auch in der Entscheidungsfindung des Systems wieder:

Das Volk genießt die höchste Legitimität, gefolgt vom Parlament und an letzter Stelle folgt die Regierung. Je wichtiger eine Entscheidung wird, umso zwingender ist eine Entscheidung durch das Volk. Die Schweiz ist Mitglied der UNO, jedoch sonst zwar wirtschaftlich international hochbeteiligt, doch politisch nicht weiter eingebunden.

4.4 Konkrete legislative Ausgestaltung

Auf Bundesebene existiert in Deutschland keine Möglichkeit eines Volksentscheides. Es gibt lediglich marginale Ansätze, wie die Möglichkeit, beim Bundestag Petitionen einzureichen. Auf Länderebene gibt es bereits seit etwa 20 Jahren flächendeckend zumindest die Möglichkeit Plebiszite durchzuführen. Die Hürden hierbei variieren dabei stark. In manchen Bundesländern wie Thüringen muss ein Volksbegehren zunächst ein Zulassungsverfahren durchlaufen. Ferner gibt es unterschiedlich hohe Hürden für die Anzahl der Unterschriften, die zur Annahme einer Initiative nötig sind. Dies variiert zwischen 5% und 20% aller Wahlberechtigten. Der Anteil der Wahlberechtigen, der zur Gültigkeit nötig ist, liegt je nach Bundesland und je nachdem ob es ein Bürgerentscheid oder Bürgerbegehren ist, zwischen 3% und 30%.

In der Schweiz folgt man auf Bundes- wie auf Länderebene dem Prinzip, dass die wichtigsten Entscheidungen dem Volk zur Abstimmung vorgelegt werden müssen. Anders als in Deutschland gibt es hier sogar Zwänge, ein Referendum durchzuführen. Auf der Bundesebene müssen alle Verfassungsänderungen oder Entscheidungen über Staatsverträge und nationale Sicherheit dem Volk vorgelegt werden. Es gibt zahlreiche weitere Möglichkeiten ein Plebiszit herbeizuführen: Von der allgemeinen Volksinitiative bis zum Gesetzesreferendum. Die Hürden, um eine Abstimmung zu erreichen, liegen je nach Art des Plebiszits zwischen 50.000 und 100.000 Wahlberechtigen, die dieses einfordern müssen. Dies entspricht etwa 1% beziehungsweise 2% Wahlbevölkerung. Auf Kantonsebene ist das Prinzip der plebiszitären Instrumente dasselbe. Doch sind hier noch weitere Möglichkeiten gegeben. Hier variieren vor allem die Höhe der zu nehmenden Hürden und die Anzahl der durchgeführten Plebiszite. Verfassungsänderungen und auch wichtige Gesetzesentscheidungen unterliegen hier einem obligatorischen Referendum. Alle weiteren Gesetze unterliegen einem fakultativen Referendum. Ferner sind Verfassungsinitiativen und Gesetzesinitiativen möglich. Die Quoren divergieren hierbei von 0,8% bis 5,7% der Stimmberechtigten. Vergleicht man die Ebene der Kantone mit der Länderebene Deutschlands, sind die Hürden in der Schweiz für plebiszitäre Instrumente deutlich niedriger. Den größten Anteil der durchgeführten Plebiszite machen obligatorische Referenden aus. Diese existieren in Deutschland so nicht.

4.5 Politische Soziokultur

Die politische Soziokultur als Vorstellungen der „Masse" über Politik sind in Bezug auf plebiszitäre Instrumente ebenfalls stark unterschiedlich: In der Schweiz ist die Idee vom Volk als
Souverän, der alle wichtigen Entscheidungen trifft und die größte Legitimität inne hat, gewis-
sermaßen demokratische Leitkultur. In Deutschland ist die Vorstellung von Demokratie vor
allem die einer repräsentativen. Auf Länderebene werden plebiszitäre Instrumente eher als
Ergänzung, denn ein entscheidendes Werkzeug der Mitbestimmung begriffen.

4.6 Grad der Organisation

Der Grad der Organisation ist in beiden Ländern relativ weit ausgeprägt. Beim Vergleich der
Kantone zeigt sich, dass Plebiszite dort häufiger genutzt werden, wo der Grad der Organisation höher ist. Dies legt folgenden Schluss nahe, welcher auf die im Erklärungsmodell bereits
erwähnte Wechselwirkung zwischen dem Grad der Organisation und der politischen Soziokultur eingeht: Plebiszitäre Instrumente werden dann häufig genutzt, wenn es der legislativen
Ausgestaltung entspricht, insbesondere kann sich dann eine dementsprechende politische Kultur ausbilden. Eine wichtige Voraussetzung hierfür ist jedoch eine gute Organisation, die deren Nutzung umsetzt und so ihrerseits ebenfalls die politische Soziokultur prägt. Da Verbände
jedoch nur dann plebiszitäre Instrumente umsetzen, wenn es ihren eigenen Handlungsmustern
und -logiken entspricht, kann so auch die geringe Nutzung in Deutschland erklärt werden.

4.7 Politische Deutungskultur

In Deutschland nutzen Parteien sehr selten plebiszitäre Instrumente, um ihre Anliegen durch-
zusetzen – es sind eher Sonderfälle auf Länderebene. In der Schweiz ist zwar das obligatorische Referendum das meistgenutzte plebiszitäre Instrument, doch ist die politische Deutungskultur eine solche, die die Nutzung plebiszitärer Instrumente, insbesondere das fakultative
Referendum, in hohem Maße internalisiert hat. So führt hier diese politische Deutungskultur
zu einer regen Nutzung plebiszitärer Instrumente. In Deutschland ist das Gegenteil der Fall.

4.8 Antizipation von Seiten der Politik

Da es in Deutschland auf Bundesebene keine plebiszitären Instrumente gibt, ist an dieser Stelle vor allem ein Vergleich der Länder- und Kantonsebene fruchtbar: Vermutlich auch aufgrund der geringen Nutzung plebiszitärer Instrumente werden in Deutschland diese kaum antizipiert. Bei den Schweizer Kantonen spielt es aber durchaus eine Rolle, wie sehr die politi-

schen Eliten, die eine Regierungsmehrheit stellen, oppositionelle Gruppen in und außerhalb des Parlaments mit einbeziehen. Je nachdem, ob die Regierung hierbei durch eine Einbeziehung oppositioneller Gruppen in- und außerhalb des Parlaments den Einsatz plebiszitärer Instrumente eher vermeidet, ändert sich auch die Art der Wirkung plebiszitärer Instrumente. Bei einer Konkordanzkultur ist der Einfluss eher indirekt und im Einzelfall schwächer, jedoch breiter gestreut. In einer Konkurrenzkultur ist der Einfluss plebiszitärer Instrumente direkt. Besonders urban geprägte Kantone neigen hierbei zur offenen Konfliktaustragung.

4.9 Umwelteinflüsse

Deutschland ist Teil und Gründungsmitglied der Europäischen Union, Teil der Eurozone, Mitglied der Vereinten Nationen, der OECD, der G8 und der G20 sowie der NATO. Aus diesen Einbindungen in Suprasysteme ergeben sich zahlreiche und komplexe Umwelteinflüsse, die ein rasches Handeln erfordern. Exemplarisch seien an dieser Stelle als aktuelle Beispiele der Druck, sich am Einsatz in Mali zu beteiligen oder die Notwendigkeit schneller Handlungsgeschwindigkeit bei der Eurorettungspolitik, genannt.

Die Schweiz ist Mitglied der Vereinten Nationen –jedoch bezeichnender Weise erst seit 2002 allerdings aufgrund einer Volksabstimmung. Die Schweiz ist kein Mitglied der NATO oder anderer Suprasysteme. Ihre außenpolitische Neutralität ist international akzeptiert. Diese Neutralität kann getrost als Maxime schweizerischer Außenpolitik bezeichnet werden. Aufgrund dessen sind die politischen Umwelteinflüsse auf die Schweiz im Vergleich zu Deutschland deutlich geringer. Eine historische Ausnahme stellt die Wirtschaftskrise Anfang der 1930er Jahre dar als Schweizer System an die Grenzen seiner Handlungsfähigkeit gelangte.

4.10 Reformfähigkeit

Die Reformfähigkeit, als die Fähigkeit auf Umwelteinflüsse zu reagieren, sprich aufgrund dieser zielgerichtet Entscheidungen zu treffen, kann in Deutschland als relativ hoch eingestuft werden: Die Entscheidungsfindung des parlamentarischen Regierungssystems mit der Gesetzesinitiative bei Bundesregierung, Parlament und Bundesrat als erster Stufe, drei Lesungen und anschließender Verabschiedung durch den Bundestag und darauffolgender Verabschiedung durch den Bundesrat, sichern eine effiziente und, wenn nötig, schnelle Reaktionsfähigkeit. Die Hürde weiterer nötiger Unterschriften sind eher von symbolischer Bedeutung. Selbst bei derart anspruchsvollen Entscheidungsanforderungen wie jenen zur Eurorettung, sicherte eine kooperative Opposition die Handlungsfähigkeit ab. Deutschland kann deshalb als hochgradig reformfähig eingestuft werden. Die Schweiz ist hier deutlich träger. Trotz des Potentials Systemblockaden zu lösen, wirkt der Einsatz plebiszitärer Instrumente insgesamt lähmend – besonders da Referenden deutlich öfter eingesetzt werden als Initiativen. Die diesem Prozess immanente Verschleppung der Entscheidungsfindung verlangsamt die Reaktionsgeschwindigkeit auf Umwelteinflüsse der Schweiz erheblich. Pro Legislaturperiode verabschiedet die Schweiz auf Bundesebene weniger als halb so viele Gesetze wie Deutschland. Die Frage danach, warum das Schweizer System dennoch so stabil ist, ist zu beantworten, wenn man ihre geringen Umwelteinflüsse mit einbezieht. So ist Deutschland deutlich reformfähiger, muss jedoch auch auf deutlich mehr Umwelteinflüsse reagieren. Die Schweiz kann sich also mehr Plebiszite „leisten".

5 Fazit

Abschließend möchte ich auf Basis des Vergleichs die Forschungsfrage beantworten: Der Zusammenhang ist von solcher Natur, dass plebiszitäre Instrumente die Reformfähigkeit beeinflussen. Die Art und Weise, wie dies geschieht, wird formal durch die konkrete legislative Ausgestaltung und das rahmengebende System festgelegt. Ob dies indirekt oder direkt geschieht, hängt davon ab, inwieweit der Einsatz dieser Instrumente antizipiert wird. Wie stark dieser Einfluss ist, hängt von allen im Erklärungsmodell aufgeführten unabhängigen Variablen ab. Die Historie erweist sich hierfür als prägend. Hier ist zusammenfassend zu sagen, dass alle Vergleichskategorien, welche sich im Erklärungsmodell als unabhängige Variablen finden, in der Schweiz allgemein so ausgeprägt sind, dass sie zu einer sehr starken Nutzung plebiszitärer Instrumente führen. Deutschland bildet hierbei in gewisser Weise die Antithese.

Um die Frage nach der Qualität des Einflusses zu durchdringen, muss der positive, legitimitätssteigernde Einfluss gegen die negative Konsequenz geringerer Entscheidungsgeschwindigkeit abgewogen werden. Eine den Umwelteinflüssen angemessene Dosierung ist nötig, um bei verlangsamter Entscheidungsgeschwindigkeit noch auf möglichst alle Umwelteinflüsse reagieren zu können. In dieser Relation zu den Umwelteinflüssen lässt sich die Nutzung plebiszitärer Instrumente auf folgende Formel bringen: Je höher die Anzahl und Komplexität der Umwelteinflüsse ist, desto geringer sollte die Nutzung plebiszitärer Instrumente ausgeprägt sein. Es ist zu resümieren, dass sowohl die Schweiz als auch Deutschland im Wesentlichen dieses Prinzip umsetzen. Spannend für weiterführende Diskurse wäre die Frage danach, ob auch in Deutschland ein zwar nicht derart starker Gebrauch wie in der Schweiz, aber doch zumindest eine stärkere Nutzung praktizierbar und wünschenswert wäre.

Literaturverzeichnis

-Buri, Boris. 2007. *Statistik über die Erlasse der Bundesversammlung.* http://www.parlament.ch/d/dokumentation/statistiken/Documents/leg_20072_Burri.pdf. 21.01.2013.

-Deutscher Bundestag. 2010. *Statistik zu Gesetzgebung.* http://www.bundestag.de/dokumente/datenhandbuch/10/10_01/10_01_03.html. 21.03.2013.

-Geisler, Heiner. 2010. *Schlichterspruch Stuttgart 21 PLUS.* http://www.schlichtungs21.de/fileadmin/schlichtungs21/Redaktion/pdf/101130/2010-11-30_Schlichterspruch_Stuttgart_21_PLUS.pdf. 22.01.2013.

-Geyer, Robby. 2011. Direkte Demokratie und Bürgerbeteiligung. *Themenblätter im Unterricht 88: 1-14*

-Jung, Ottmar. 1995. Direkte Demokratie. *Zeitschrift für Parlamentsfragen* 26: 658-677.

-Jung, Ottmar. 2001. Mehr Direkte Demokratie wagen. In *Direkte Demokratie.* Hrsg. Otmar Jung und Franz-Ludwig Knemeyer, 15-72. München: Olzog

-Linder, Wolf. 2005. *Schweizerische Demokratie.* Bern et al.: Haupt, 241-283

-Patzelt, Werner J.. 2007. *Einführung in die Politikwissenschaft. Grundriss des Fachs und studiumbegleitende Orientierung.* Passau: Wissenschaftsverlag Richard Rothe.

-Stutzer, Alois, und Bruno S. Frey 2000. Stärkere Volksrechte – Zufriedenere Bürger: eine mikroökonometrische Untersuchung für die Schweiz. Swiss Political Science Review 6: 1-30